Alles über Elfen und Feen

Von Kay Woodward
Illustriert von Strawberrie Donnelly
Aus dem Englischen von Julia Walther

KOSMOS

Umschlaggestaltung von Atelier Reichert, Stuttgart.
Unter Verwendung einer Illustration von Mel Grant.
Innenillustrationen von Strawberrie Donnelly.
Aus dem Englischen übersetzt von Julia Walther.

Titel der englischen Originalausgabe:
My Secret World – Fantastic Fairies
First published by Puffin Books, part of Penguin Books Ltd. 2005
Text Copyright © Kay Woodward, 2005
Illustrations Copyright © Strawberrie Donnelly, 2005

Unser gesamtes lieferbares Programm und viele
weitere Informationen zu unseren Büchern,
Spielen, Experimentierkästen, DVDs, Autoren und
Aktivitäten finden Sie unter **www.kosmos.de**

Für die deutschsprachige Ausgabe:
© 2008 Franckh-Kosmos Verlags-GmbH & Co. KG, Stuttgart
Alle Rechte vorbehalten
ISBN 978-3-440-10888-8
Redaktion: Karina Dick, Julia Röhlig
Layout: DOPPELPUNKT Auch & Grätzbach GbR, Stuttgart
Produktion: Angela List
Printed in the Czech Republic / Imprimé en République tchèque

Inhalt

Willkommen in der geheimen Welt der Feen und Elfen … S. 5

1
Alles über Feen … S. 7

2
Hier, dort und überall! … S. 12

3
Im Land der Feen … S. 19

4
Böse Feenwesen … S. 25

5
Feen und Menschen … S. 32

6
Märchenfeen … S. 38

7
Was Feen brauchen … S. 45

8
Ein Hauch Feenmagie … S. 52

9
Auf der Suche nach Feen! … S. 59

10
Eine magische Feenwelt … S. 66

Willkommen in der geheimen Welt der Feen und Elfen …

Glaubst du an Feen? Hast du dir je gewünscht, mal eine echte Elfe zu treffen oder deinen eigenen Zauberstab zu besitzen? Träumst du davon, einfach nur sanft mit den Flügeln schlagen zu müssen, um ins Land der Feen fliegen zu können? Feen sind absolut fantastische Wesen.

Es gibt nirgendwo auf der Welt – und auch in keiner anderen Welt – Geschöpfe, die ihnen gleichen.

Sie sind leichter als Luft und schneller als ein Blitz.

Und außerdem sind sie durch und durch von reiner Magie erfüllt. Aber was sind Feen für Wesen? Wo leben sie? Wie findet man eine Fee am besten? Um die Antworten auf diese Fragen zu erfahren, musst du nur diese drei magischen Sachen tun:

1. Such dir einen gemütlichen Sessel.

2. Leg die Füße hoch.

3. Und lies weiter …

Kapitel 1
Alles über Feen

Eine Fee ist kleiner als ein Schmetterling. Ihre Flügel bestehen aus einem hauchzarten Gewebe – so dünn, dass die Sonne hindurchscheint, als wären sie gar nicht vorhanden. Und trotzdem fliegt sie schneller als eine Schwalbe im Sturzflug. Sie tanzt und dreht sich in der Luft. Wie aus dem Nichts landet dieses winzige Wesen auf einer Blumenknospe und tippt sie einmal mit ihrem Zauberstab an. Da entfaltet sich die Knospe zur allerschönsten Blüte. Und im Nu ist die Fee wieder verschwunden.

Feen und Elfen sind geheimnisvolle, magische Wesen, die überall um uns herum leben. Und ohne Feenstaub und ihre kleinen Zaubereien wäre die Welt ein viel langweiligerer und dunklerer Ort.

Erde, Luft, Wasser und Feuer

Es gibt viele verschiedene Arten von Feen und Elfen, aber man kann sie in vier Hauptgruppen einteilen:

Erdfeen bleiben mit den Beinen am liebsten fest auf dem Boden – oder sogar unter der Erde. Sie haben keine Flügel.
Die meisten von ihnen sind überhaupt nicht hübsch anzusehen. Aber Erdfeen haben eine Menge Zauber auf Lager – wenn sie in der rechten Stimmung sind.

Luftfeen sind entzückend zart und ganz bezaubernd. Sie tragen besonders gerne Rosa. Durch ihre Flügel sind sie die einzigen Feen, die fliegen können.

Wasserfeen leben in rauschenden Bächen und unendlichen Ozeanen. Sie ruhen sich auch gerne mal hinter einem Wasserfall aus – deshalb ist das auch der beste Ort, um einen Blick auf sie zu erhaschen.

Feuerfeen sind an heißen Orten, wie zum Beispiel Vulkanen, zu Hause, wo sie sich am liebsten in der glühenden Lava tummeln. Autsch!

Feenzauber

Egal wo sie leben, alle Feen können zaubern. Das ist auch ihre Lieblingsbeschäftigung. Und sie sind ziemlich gut darin. Die Zauberkräfte einer einzigen Elfe sind so stark, dass sie damit die Kerzen an 500 Weihnachtsbäumen anzünden kann – und zwar mal eben so, zum Warmwerden.

Feenzauber lässt sich nicht so leicht erlernen. Ein Zauberstab und eine Handvoll Feenstaub helfen den Feen bei ihrer Zauberei, aber der erste magische Funke muss von innen kommen. Sie müssen die Magie in sich *spüren*.

Magische Feengeheimnisse

🌸 Die Sommersonnenwende ist der längste Tag des Jahres – und der geheimnisvollste. Mach dir eine Notiz in deinen Kalender, dass du am 21. Juni einige wirklich magische Dinge tust. Du wirst es nicht bereuen!

🌸 Die Zuckerfee ist ein echter Star unter den Feen. Sie tritt in dem berühmten Ballett *Der Nussknacker* auf und tanzt sogar zu ihrer ganz eigenen Melodie.

🌸 Wusstest du, dass eine Fee für den Raureif im Winter verantwortlich ist? Sie kommt in der Nacht vorbei und streut eiskalten Feenstaub über alle Dinge.

Kapitel 2
Hier, dort und überall!

Auf dem Felsen sitzt das beeindruckendste Wesen aller magischen Geschöpfe: die Meerjungfrau. Ihr langes Haar umrahmt ihr wunderschönes Gesicht wie ein Vorhang aus Seide. Die Wellen plätschern leise um ihren silbernen Fischschwanz. Dann fängt sie zu singen an – eine eindringliche, traurige Melodie, die vom Meer, dem Wind und den Sternen erzählt.

In der Ferne taucht ein Boot auf. Die Matrosen können dem Gesang der Meerjungfrau nicht widerstehen.

Fabelwesen gibt es überall – das ist bekannt. Einige sind klein und niedlich, andere groß und Furcht einflößend. In Deutschland gibt es elegante Wasserwesen, die Nixen, in Schottland leben die sogenannten „Brownies", die im Haushalt mithelfen, und in Irland tanzen Waldelfen zwischen den Bäumen.

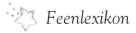 *Feenlexikon*

Hundert verschiedene Arten von Feen huschen, schweben und sausen glitzernd durch die Welt. Aber kennst du den Unterschied zwischen einem Kobold und einer Elfe? Hier sind ein paar der Zauberwesen, denen du begegnen könntest …

Zwerge
Diese Geschöpfe leben in den Bergen und Minen von Skandinavien. Sie sind für ge-

wöhnlich nicht größer als 50 cm und sehen meistens aus wie grimmige, alte Männer mit langen Zottelbärten.

Elfen

Diese Feenwesen gleichen uns Menschen, nur sind sie viel kleiner. Manche Elfen sind freundlich und hilfsbereit, die meisten sind jedoch sehr ungezogen. Die boshaftesten Elfen sollen angeblich Babys klauen und stattdessen durch Feenkinder ersetzen!

Fliegende Feen

Diese zarten, glitzernden und funkelnden Wesen sind meist nicht viel größer als dein Daumen.

Gnome

Gnome tragen spitze Hüte und haben spitze Bärte. Sie leben tief unter der Erde und bewachen geheime Schätze.

Albe

Albe sind gemein, sie sind schadenfroh und sie ziehen den Menschen nachts die Decke weg. Wenn du also morgens aufwachst und deine Bettdecke am Boden liegt, dann hattest du in der Nacht vielleicht Besuch von kleinen Alben.

Wichte

Wenn Handschuhe und Schlüssel verschwinden, sind meist Wichte schuld. Zwar sind sie

frech, aber nie wirklich bösartig. Die beste Möglichkeit, die Wichte davon abzuhalten deine Socken zu klauen, ist, ihnen Musik vorzuspielen. Wichte lieben nämlich Musik!

Leprechauns
Das sind die berühmtesten aller irischen Fabelwesen. Sie sehen aus wie kleine alte Männer und lieben die Farbe Grün über alles. Außerdem sind Leprechauns sehr begabte Schuster.

Meerjungfrauen
Meerjungfrauen sind die schönsten aller Wasserfeen. Angeblich locken sie Seefahrer mit ihrer zauberhaften Musik an. Vom

Bauchnabel aufwärts sehen Meerjungfrauen aus wie ganz normale Frauen, doch statt Beinen haben sie einen glitzernden Fischschwanz.

Kobolde
Genau wie Leprechauns tragen Kobolde gerne Grün. In ihrer Freizeit pusten sie am liebsten Kerzen aus. Pass also an deinem Geburtstag besonders auf, dass sie dir bei deiner Geburtstagstorte nicht zuvorkommen!

Magische Feengeheimnisse

🌸 Das Wort „Leprechaun" stammt von einem alten irischen Wort ab – *luchopán* –, das „kleiner Körper" bedeutet.

🍀 Manche Menschen nennen Feen generell Kobolde oder Geister und umgekehrt. Auf jeden Fall sind alle von ihnen Zauberwesen.

🍀 Eichen, Eschen und Weißdorn sind Feen-Bäume. Man darf nie einen von ihnen fällen, denn sonst würde man die Feen stören. Das bringt Unglück.

Kapitel 3
Im Land der Feen

Die Butterblumen haben sich während des Aprilschauers mit Regentropfen gefüllt. Die Fee neigt einen Blütenkelch zu sich her und trinkt gierig. Dann hört sie plötzlich Schritte. Ein Mensch zu so früher Stunde? Es dämmert doch erst der Morgen. Aber es stimmt. Da spaziert ein Mädchen durch den Garten. Und sie schaut genau in die Richtung der Fee. Schnell hüllt sich das kleine Zauberwesen in einen Unsichtbarkeitszauber. Das Mädchen

runzelt die Stirn, schüttelt den Kopf und schlendert weiter – während die zitternde Fee einen erleichterten Seufzer ausstößt. Sie ist in Sicherheit.

Es gibt unglaublich viele Fabelwesen auf der Welt – nach der letzten Feenzählung etwa zwölf Millionen. Also sollten wir sie doch eigentlich überall entdecken können, oder nicht? Falsch. Wenn Feen die Menschenwelt besuchen, setzen sie alles daran, nicht gesehen zu werden.

Wo Feen wohnen

Das Feenland ist gar nicht weit entfernt von unserer Welt. Im Gegenteil. Die beiden Welten liegen sogar so dicht beieinander, dass sie sich an besonders magischen Orten berühren. Zum Beispiel an Wasserfällen oder

alten Steinbrücken. Dort ist es ganz einfach für eine Fee, von einer Welt in die andere zu hüpfen. Für uns Menschen ist das allerdings sehr schwierig.

Das Feenland ist ein gänzlich verzauberter Ort. Die Farben sind dort sanfter und die Geräusche gedämpft. Tagsüber scheint eine blasse Sonne, und nachts herrscht immer

Vollmond. Nebelfetzen wickeln sich um die vielen Bäume, so weit das Auge reicht. Und überall sind Feen.

Die Feeninsel

Irland ist ein ausgesprochen magischer Ort – vielleicht der magischste auf der ganzen Welt. Dort leben alle möglichen Feenwesen. In Irland nennt man sie *sídhe*. Das spricht man ‚Schieh' aus – wenn du dir das merkst, klingst du wie ein echter Feenexperte. Der irische „Pooka" ähnelt einem Kobold. Und ein „Banshee" ist eine sehr laute Fee – ihr Geheule wird als Zeichen für nahendes Unglück gedeutet. Und solltest du in Irland je einem Leprechaun begegnen, dann sieh auf keinen Fall weg. Wem es gelingt, dem Leprechaun lange genug in die Augen zu schauen, den muss er zu seinem Goldschatz

führen. (Dieser Schatz ist normalerweise am Ende eines Regenbogens versteckt!)

Überall in Irland kann man Spuren der Feen erkennen – man muss nur wissen, wo man zu suchen hat. Die Landschaft ist voll von verlassenen Behausungen. Was aussieht wie ein einfacher Erdhaufen, war einst von Feen bewohnt. Es gibt außerdem Feenberge, wie zum Beispiel den Knockfierna, wo früher einmal Feenkönige und -königinnen gehaust haben.

Magische Feengeheimnisse

❀   Das Feenland kann ein gefährlicher Ort sein. Wer dort zu Besuch ist, sollte niemals auch nur ein Krümelchen essen oder einen Tropfen trinken. Denn sonst kehrt man nie wieder zurück in die Welt der Menschen.

❀   Laut einer Legende lebt das irische Volk der Feen auf einer magischen Insel – genannt *Tír na nÓg* – vor der Westküste Irlands.

❀   Anordnungen uralter Steine, wie zum Beispiel die von Stonehenge in England, sind von reiner Magie umgeben. Wenn du mal dort bist, solltest du dir auf jeden Fall den unteren Rand dieser Steine genau ansehen – denn dort verstecken sich Feen sehr gerne!

Kapitel 4
Böse Feenwesen

Veronica seufzte. Alles, was nur schiefgehen konnte, war heute Morgen schiefgegangen. Ihr Wecker hatte nicht geklingelt. Sie konnte ihr Kleid nicht finden. Und die letzte Seite ihrer Hausaufgaben war urplötzlich verschwunden. Es kam ihr fast so vor, als wären nachts gemeine kleine Kobolde in ihr Zimmer geklettert und hätten alles durcheinandergebracht. Aber das konnte nicht sein ... oder?

Hast du dich je gefragt, wie diese völlig verstaubten Bonbons in den untersten Zipfel deiner Taschen gelangen? Oder warum spru-

delnde Getränke plötzlich überschäumen, ohne dass du sie angefasst hast? Was ist mit kleinen Schätzen, die auf geheimnisvolle Art aus deinem Zimmer verschwinden? Jedes dieser Vorkommnisse könnte das Werk von Feen sein!

 Schlechtes Benehmen

Nicht alle Feen fliegen fröhlich umher, um mit einem Wink ihres Zauberstabs zu helfen. Manche Feenwesen sind böse. Richtig böse …

Trolle gehören zu den gemeinsten Kreaturen überhaupt. Sie sind besonders begabt darin, sich unsichtbar zu machen. Das allein ist aber noch nicht schlimm. Viel schlimmer sind die Dinge, die sie anstellen, wenn sie unsichtbar sind. Trolle sind miese kleine Diebe. Am allerliebsten klauen sie Gold und

Edelsteine, um ihr Heim damit zu schmücken. Doch falls ein Troll je etwas aus deinem Besitz stiehlt, gibt es einen ganz einfachen Weg, ihn (oder sie) loszuwerden. Trolle hassen nämlich Lärm. Du musst dir also nur einen Topf und einen großen Holzlöffel schnappen und so laut du kannst draufhauen. PENG, PENG, PENG! Wenn du wieder damit aufhörst, wird der Troll für immer das Weite gesucht haben.

 Wenn gute Feen böse werden ...

Es ist ganz schön harte Arbeit, immer lieb und nett zu sein, gute Dinge zu tun und überall Feenstaub zu verstreuen. (Eine Tüte Feenstaub kann so viel wiegen wie eine Pa-

ckung Zucker – ziemlich schwer, wenn man nur 5 cm groß ist.) Deshalb ist es wohl nicht überraschend, dass selbst die nettesten Feen ab und an einen schlechten Tag haben. Elfen zum Beispiel können sowohl hilfsbereit als auch frech sein. Die deutschen Heinzelmännchen helfen im Haushalt mit, aber dafür schubsen sie auch gerne mal jemanden um, wenn derjenige gerade seine Schnürsenkel bindet! Andere machen nachts mit Topfgeklapper so viel Lärm, dass die Menschen nicht schlafen können. Dafür hinterlassen sie kleine Geschenke für Kinder, die brav waren.

Die wirklich schlimmen Kerle

Der Boggart und der Boggel sind zwei der fiesesten, lautesten Kreaturen überhaupt. Sie warten, bis es Nacht ist ... bis alle schlafen ... und dann ... wenn es ganz still ist ... machen sie PLÖTZLICH LÄRM! (Stell dir das Geräusch einer Alarmanlage vor. Das musst du verdoppeln. Und noch mal verdoppeln. Ja, so laut sind die!)

Zum Glück gibt es eine einfache Methode, sich diese ärgerlichen Biester vom Leib zu halten: Leg ein Buch mit Märchengeschichten neben dein Bett. Jede Seite enthält so viel Magie, dass sie eine ganze Horde von Boggarts und Boggels vertreiben kann.

Magische Feengeheimnisse

🍀 Überleg es dir gut, bevor du einem schottischen Brownie ein Geschenk machst. Diese Feen lieben Brot und Milch, aber wenn sie von einem Menschen irgendetwas anderes bekommen – wie zum Beispiel Schokolade, Blumen oder Bücher –, werden sie ziemlich sauer.

🍀 Wenn du auf einem Bauernhof mit Milchkühen lebst, solltest du dich vor Kobolden in Acht nehmen. Die lassen sehr gerne Milch sauer werden. Außerdem bereitet es ihnen viel Vergnügen, alte Damen stolpern zu lassen. Warne also am besten auch deine Oma vor ihnen.

✿ Meerjungfrauen locken Seemänner mit Harfenklängen an. Wenn du auf dem Meer plötzlich wunderbare Musik hörst, drehe sofort um und segle in die andere Richtung davon. Schnell!

Kapitel 5
Feen und Menschen

Veronica bohrt ihre Zunge durch die Lücke zwischen ihren Zähnen und grinst sich im Badezimmerspiegel an. Dann blickt sie auf den winzigen, in Seidenpapier gewickelten Schatz in ihrer Hand: ihren Zahn. Veronica kichert. Sie kann es kaum erwarten. Heute wird sie freiwillig ganz brav ins Bett gehen. Sie ist fest entschlossen, so lange wach zu bleiben, bis sie einen Blick auf ihre Lieblingsfee erhaschen kann. Wenn die Zahnfee dann kommt, wird Veronica sie erwarten.

Hast du schon mal eine Fee gesehen? Falls ja – herzlichen Glückwunsch! Falls nicht – mach dir keine Sorgen. Sie sind wirklich sehr schwer zu entdecken, weil sie so scheu sind. Noch schwieriger ist es, sich mit ihnen zu unterhalten. Die beste Zeit, um Feen zu sehen, ist, wenn die Feenwelt die der Menschen berührt …

Feenfreunde

Die Zahnfee ist eine der nettesten Feen. Sie schaut jede Nacht unter die Kopfkissen der Kinder, ob da vielleicht ein Zahn liegt. Wenn sie einen Zahn findet, freut sich die Zahnfee so sehr, dass sie an seiner Stelle eine glänzende Münze hinterlässt.

Weihnachtselfen

Der Weihnachtsmann hat jede Menge Gehilfen: die Elfen! Sie verbringen das ganze Jahr damit, Geschenke für Kinder zu basteln. Kein Wunder, dass sie daher keine Zeit für Besuche haben. Aber wenn du das nächste Mal deine Päckchen an Weihnachten aufmachst, denk an die Elfen, die dabei geholfen haben, sie zu machen.

Draußen im Garten

Im Jahr 1917 machten Frances Griffiths und Elsie Write die erstaunlichsten Fotos, die die Welt je gesehen hatte. Die Fotos zeigten nämlich, wie Frances und Elsie mit ihren

Feenfreunden spielten. Diese tanzten, flogen umher und spielten Musikinstrumente. Fotofachleute haben die Aufnahmen genau untersucht – sie waren völlig in Ordnung! Selbst Sir Arthur Conan Doyle, der Autor der berühmten Sherlock-Holmes-Krimis, war absolut überzeugt, dass es sich nicht um Fälschungen handelte. Doch der Rest der Menschheit war sich nicht einig: Manche Leute, die noch nie vorher Feen gesehen hatten, waren völlig verblüfft. Viele andere glaubten, dass die Mädchen ihnen einen Streich gespielt hatten. Erst 1982, als Frances und Elsie beide alte Damen waren, gaben sie die Wahrheit zu: Sie hatten die Feen auf den Fotos aus Papier gebastelt. Doch Feenliebhaber auf der ganzen Welt hoffen, dass sie eines Tages eine echte Fee sehen – egal ob auf einem Foto, im Fernsehen oder mit eigenen Augen.

Möchtest du eine Fee sein?

Es heißt, dass Brownies kleine Feen sind, die sehr hart arbeiten. Nachts flitzen sie durch die Häuser, wo sie Staub wischen, putzen und polieren.
In Amerika gibt es eine Pfadfinderorganisation für Mädchen, die sich „Brownies" nennen. Man muss ja aber nicht unbedingt bei so einem Verein Mitglied sein, um jeden Tag eine gute Tat zu tun. Die Feen freuen sich bestimmt, wenn du ihnen ein bisschen bei ihrer Arbeit hilfst.

Magische Feengeheimnisse

Wusstest du, dass es tatsächlich Feenvögel gibt? Sie haben glänzendes, blauschwarzes Gefieder. Eine besondere Unterart sind die Elfenblauvögel.

🌸 Menschen, Feen, Zauberer und Hobbits bevölkern J. R. R. Tolkiens Buch *Herr der Ringe*. Und obwohl Zwerge und Elfen einander angeblich gar nicht ausstehen können, werden sie am Ende dieser langen (und sehr aufregenden) Geschichte zu Freunden.

🌸 Viele Mädchennamen haben Feenbedeutung. Wusstest du, dass Ella „elfengleich" bedeutet, Fay für „Fee" oder „Elfin" steht und Tanya „Feenkönigin" heißt?

Kapitel 6
Märchenfeen

Aschenputtel sitzt in der kalten, einsamen Küche. Tränen laufen ihr über die Wangen. Sie möchte so gerne zum Ball gehen, ein wunderschönes Kleid tragen, mit dem Prinzen tanzen ... aber ihre gemeinen Stiefschwestern haben ihre Träume kaputt gemacht. Wieder einmal.

Plötzlich ist die Küche von einem weichen, goldenen Licht erfüllt. Neben dem Gemüse, das Aschenputtel noch putzen muss, steht eine kleine Frau. Aschenputtel hat noch nie ein so freundliches Gesicht gesehen.
"Sei nicht traurig, Aschenputtel", sagt die gute Fee. "Du wirst zum Ball gehen."

Ein Märchen ist eine Geschichte voller Magie, die seit hunderten von Jahren weitererzählt wird. Und in den besten Märchen kommen immer Feen vor – manchmal gute und manchmal solche, die schrecklich böse sind. Was ist dein Lieblingsmärchen? Das von Aschenputtel, der die gute Fee dabei hilft, den Prinzen zu treffen und für immer glücklich zu werden? Oder vielleicht das Märchen von der schlafenden Prinzessin …?

Die gute und die böse Fee

Die Geschichte von Dornröschen ist überall im Feenland bekannt. Sie handelt von einer kleinen Prinzessin, die kurz nach ihrer Geburt von einer bösen Fee verflucht wird. Der Fluch besagt, dass die Prinzessin sich an ih-

rem sechzehnten Geburtstag in den Finger stechen und sterben wird. Zum Glück ist eine gute Fee in der Nähe, die den schrecklichen Fluch mildern kann: Die Prinzessin fällt nur in einen hundertjährigen Schlaf. Alles geschieht so, wie es die Feen vorausgesagt haben, bis ein Prinz Dornröschen mit einem Kuss erweckt. Die Prinzessin freut sich so sehr, dass sie ihn heiratet. Fast alle leben von da an glücklich bis an ihr Ende. Alle guten Feen werden zur Hochzeit eingeladen. Nur die böse Fee ward nie wieder gesehen …

Der Traum eines Theaterstücks

Vom berühmten Schriftsteller William Shakespeare stammt die Komödie *Ein Sommernachtstraum*. Dieses Theaterstück zieht seit Jahrhunderten das Publikum in seinen Bann.

Es ist so beliebt, dass es auf der ganzen Welt gespielt wird. Vielleicht können die Menschen dem Zauber einfach nicht widerstehen, wenn die Welt der Menschen und die der Feen aufeinandertreffen …

Eines Nachts zur Mittsommerwende übt eine Gruppe Handwerker gerade ein kleines Theaterstück ein. Im Feenreich jedoch herrscht Streit: Oberon und Titania – der Feenkönig und die Feenkönigin – sind sauer aufeinander. Und weil sie Feen sind, streiten sie sich mit Magie, nicht mit Worten. Oberons hinterlistiger Diener namens Puck tröpfelt eine besondere Tinktur auf Titanias Augen, während sie schläft. Sie wird sich in denjenigen verlieben, den sie nach dem Aufwachen als Erstes erblickt. Leider handelt es sich dabei um den Handwerker Bottom. Dem hat Puck jedoch als kleinen Spaß einen Eselskopf wachsen lassen. Wird bis zum

nächsten Morgen wieder alles in Ordnung sein …?

 Ein flackerndes, huschendes Licht

Tinkerbell ist eine der berühmtesten Feen überhaupt. Sie ist eine fröhliche, aber auch zähe kleine Fee, die sich nichts gefallen lässt. Tinkerbell tauchte das erste Mal 1904 in J. M. Barries Stück *Peter Pan* auf. Diese Geschichte handelt von einem Jungen aus Nimmerland, der nicht erwachsen werden will.

Magische Feengeheimnisse

Das Märchen von *Dornröschen* wurde 1890 in ein zauberhaftes Ballett verwandelt. Tschaikowski schrieb die Musik dazu, und Marius Pepita dachte sich die Choreographie aus. Es wird heute noch getanzt.

✿ Die deutschen Brüder Jacob und Wilhelm sammelten einige der berühmtesten Märchen, wie zum Beispiel *Aschenputtel, Die Schöne und das Biest* und *Schneewittchen*. Jacob und Wilhelm Grimm sind heute vor allem unter dem Namen die Gebrüder Grimm bekannt.

✿ Hans Christian Andersen ist ebenfalls berühmt für seine Märchen. Der dänische Geschichtenerzähler schrieb *Die Prinzessin auf der Erbse, Die kleine Meerjungfrau, Däumelinchen* und viele, viele andere.

Kapitel 7
Was Feen brauchen

Die winzige Fee schob das Rosenblatt zur Seite, mit dem sie sich zugedeckt hatte, und erhob sich von ihrem Bett aus Moos. Es war Zeit, sich an die Arbeit zu machen. Heute hatte sie eine Menge vor: schlecht gelaunte Leute bezaubern, freundliche Menschen belohnen, Feenstaub verstreuen … Die Liste war endlos. Die Fee dachte angestrengt nach. Sollte sie ein lila Kleid oder ein grünes anziehen? Ein violettes oder das blaue? Nein, heute würde sie ihre allerliebste Farbe überhaupt tragen. Perfektes, wunderbares Rosa!

Feen lieben Kleider und ganz besonders Accessoires. Ohne ihre unentbehrliche Feenausrüstung – ein Zauberstab, ein Paar Flügel und eine Tüte magischer Feenstaub – gehen sie gar nicht erst aus dem Haus.

Feenflügel

Die Flügel der Feen, die welche besitzen, können jede nur erdenkliche Form und Größe haben. Manche sind lang und laufen

spitz zu, andere sind gebogen wie die Flügel eines Schmetterlings. Sie bestehen alle aus der allerfeinsten Gaze – einem hauchzarten, duftigen Stoff, der aus den Fäden ganz kleiner Spinnen gewoben wird.

Selbst kleinen Feenbabys wächst schon ein Paar winziger Flügel zwischen den Schultern. (Feen werden übrigens nicht wie Menschen geboren. Sie erscheinen mit einem kleinen

magischen Knall.) Diese Flügel werden immer größer und größer, bis sie schließlich ausgewachsen sind. Die Feen sind dann etwa fünf Jahre alt. Sie müssen nicht mal das Fliegen lernen, weil sie es einfach so können.

Einen Zauberstab benutzen

Ganz oben auf der Liste der notwendigen Dinge für jede Fee steht der Zauberstab. Die Feenkönigin überreicht jeder Fee einen Zauberstab, sobald sie alt genug ist, um ihre Zauberkräfte zu beherrschen – normalerweise etwa im Alter von sechs Jahren. Und wofür benutzen sie dann ihren Zauberstab? Nun, vor nicht allzu langer Zeit hat man Feen gebeten, über ihre liebsten Zauberstabeinsätze abzustimmen. Hier sind die Ergebnisse:

1. Einen Wunsch erfüllen.
2. Ein trauriges Gesicht in ein glücklich lächelndes verwandeln.
3. Einen Sonnenstrahl herbeizaubern.
4. Die Regenwolken vertreiben.
5. Rosenknospen in wunderbare Blüten verwandeln.

Magische Fußspuren

Zwerge und Trolle tragen Stiefel, die durch einen besonderen Zauber gehärtet wurden. Sie verbringen so viel Zeit damit, unter der Erde durch dicken Morast zu waten, dass sie ihr Gold nicht an schicke Schuhe verschwenden wollen.

Feen mit Flügeln jedoch tanzen, schweben oder fliegen – ganz selten gehen sie tatsächlich mal einfach zu Fuß. Ab und zu landen sie auf einem dicht belaubten Baum oder bei jemandem auf der Schulter – etwa um demjenigen

Wünsche ins Ohr zu flüstern. Diese Feen tragen ganz zierliche Schuhe aus dem feinsten Feen-Satin mit seidenen Bändern.

Magische Feengeheimnisse

 Es gibt zwar keine Feenschuhe, die groß genug für Menschenfüße sind, aber du könntest stattdessen Ballettschläppchen tragen – die sehen fast genauso aus.

 Als Hüte tragen Feen am liebsten kleine Eichelbecher, in denen die Eichelfrüchte wachsen, solange sie noch am Baum hängen. Diese haben genau die richtige Größe für ihre winzigen Feenköpfe und sind so robust wie Fahrradhelme. Wenn also eine Fee mal aus Versehen beim Fliegen gegen etwas prallt, passiert ihr nichts.

❁ Ein einziges glitzerndes Staubkorn vom Feenstaub reicht aus, um eine komplette Schulklasse zum Lächeln zu bringen. Stell dir bloß mal vor, was Feen mit einer ganzen Tüte davon tun können …

Kapitel 8
Ein Hauch Feenmagie

Der Wind weht durch die Bäume, und die Blätter rascheln leise. Magie liegt in der Luft. Funkelnd und glitzernd saust sie durch den Park und über die Hausdächer hinweg. Alles, was von ihr berührt wird, erwacht plötzlich zum Leben. Aber woher kommt dieser Zauber? Ist es Mutter Natur oder Vater Zeit? Ist es die streunende Katze der alten Hexe auf dem Weg nach Hause? Nein … es sind die Feen. Sie sind vollauf damit beschäftigt, die Welt in einen zauberhaften Ort zu verwandeln.

Feen sind echt spitzenklasse, wenn es um Zaubersprüche geht. (Es heißt sogar manchmal, dass sie magischer als Hexen und Zauberer sind.) Eine Fee kann eine vertrocknete Pflanze im Handumdrehen wieder gesund machen. Feen können sogar dicke Gewitterwolken vertreiben. Hier ein paar magische Geheimnisse aus dem Feenland …

Magische Blätter

Klee ist eine besondere Zauberpflanze, die auf Wiesen wächst. Jeder winzige kleine Stiel hat drei magische Blätter, die Feen für ihre täglichen Zaubereien verwenden. Wenn sie aber besonders starke Zauber vorbereiten – wie zum Beispiel, um Frösche in schöne Prinzen zurückzuverwandeln –, brauchen die Feen etwas Stärkeres.

Sie brauchen das sehr seltene und sehr wertvolle vierblättrige Kleeblatt.
Vierblättrige Kleeblätter verstecken sich inmitten des normalen dreiblättrigen Klees. Sie sind ziemlich schwer zu entdecken. Aber wenn du eins findest, dann pflück es schnell und presse es zwischen zwei dicken, schweren Büchern. Dann kannst du es für immer behalten. Und noch wichtiger: Die Feen werden seine magischen Zauberkräfte überall spüren.

Hexen- oder Feenringe

Vielleicht hast du schon mal einen geheimnisvollen Kreis auf einer grünen Wiese gesehen. Aus der Ferne sieht er aus wie ein großer Ring aus dunkelgrünem oder braunem Gras. Aus der Nähe erkennt man manchmal auch Pilze, die am Rand wachsen.

Die meisten dieser Kreise haben einen Durchmesser von etwa zwei Metern, aber manche sind auch viel größer.

Feenringe sind besonders kraftvolle Orte. Man kann ganz leicht hineintreten – und kommt nur sehr schwer wieder heraus. Du kannst aber unbesorgt in Feenringe hinein- und wieder herausspringen, wenn du dir diese drei Regeln merkst.
1. Lächele oder lache dabei – Fröhlichkeit ist stärker als die Magie des Kreises.

2. Überkreuze deine Finger – das wird dich vor dem Zauber schützen.

3. Und wenn du in einem Feenring gefangen bist, dreh dich im Kreis und sag die magischen Worte *rund herum, rund herum, gib mich frei!* – und spring, so hoch du kannst.

Vorsicht!

Vielleicht wünscht du dir ja, dass genau in diesem Moment eine Fee auf den Seiten dieses Buches landet. Deshalb findest du es wahrscheinlich seltsam, Tipps zu bekommen, wie man sich Feenvolk vom Leib hält. Aber es könnte ja sein, dass du mal von einem nervtötenden Kobold belästigt oder von einem Troll verspottet wirst. So kann

man die unerwünschten Besucher vertreiben: Alle Zauberwesen können Kräuter nicht ausstehen, vor allem Johanniskraut und Schafgarbe. Wenn du keines von beiden zur Hand hast, dann tun es auch ein paar normale Küchenkräuter. Häng einfach ein Büschel Basilikum oder Minze über dein Bett, bevor du schlafen gehst. Dann werden dich keine unwillkommenen Besucher stören … und dein Zimmer wird wunderbar duften.

Magische Feengeheimnisse

Feen können von anderen Feen durch einen Zauberbann für immer im Haus eines Menschen gefangen werden. Der einzige Weg, diesen gefangenen Feen zu helfen, ist, ihnen neue Kleider zu schenken. Damit wird der Bann gebrochen, und sie sind wieder frei.

Feen lieben glitzernde und glänzende Dinge. Schau dich mal im Haus um, ob du etwas findest, das im Licht funkelt – und deshalb einer Fee gefallen könnte. Glitzernde Haarspangen oder Halsketten sind geradezu perfekt. Wenn du die trägst, lockst du damit die Feen auf jeden Fall in deine Nähe.

Wenn du mal Besuch von einer irischen Fee haben möchtest, dann musst du ganz speziellen irischen Klee sammeln. Den mögen alle irischen Zauberwesen, ganz besonders Leprechauns. Die gehen ohne ihn fast nie aus dem Haus.

Kapitel 9
Auf der Suche nach Feen!

Veronica sitzt geduldig im hintersten Winkel des Gartens und wartet. Letztes Jahr an ihrem achten Geburtstag war alles so einfach gewesen. Die Feen waren direkt unter ihrer Nase herumgehüpft und hatten mit ihr gespielt. Sie flochten Blumen in Veronicas Haare, kitzelten sie mit Federn und brachten sie zum Lachen. Dieses Jahr ist alles still. Wo sind denn die ganzen Feen hin? Ist sie jetzt zu alt, um sie zu sehen? Dann bemerkt sie aus dem Augenwinkel das Glitzern eines winzigen Zauberstabs …

Feen sind nicht so leicht zu sehen wie eine Freundin oder ein pelziges Haustier. Manchmal kann man sie kaum erkennen. Das Blitzen eines Sonnenstrahls auf dem Gewächshaus oder das Funkeln der Lichterketten an Weihnachten sind manchmal die einzigen Hinweise auf Feen. Und wenn man älter wird, fällt es einem immer schwerer, sie zu sehen. Nur wer wirklich an Feen glaubt, kann sich die Magie bewahren …

Auf Feensuche

Selbst die größten Feenfans sehen in ihrem Leben vielleicht nur ein oder zwei Mal eine Fee. Es heißt aber, dass man diese Fähigkeit durchaus lernen kann. Wenn du diese ganz speziellen Anweisungen befolgst, gehörst du vielleicht auch bald zu den Glücklichen:

1. Such dir zu Hause einen Feenort. Das ist ein besonderer Platz, an dem du dich wohlfühlst und ganz entspannt bist. (Wer Feen sehen will, muss nämlich ganz ruhig sein.) Das kann eine Ecke in deinem Zimmer sein oder auch die Besenkammer. Probier einfach ein paar Orte aus, bis du merkst, welcher sich am besten anfühlt.

2. Sorge dafür, dass dich weder Geschwister noch Hunde, Katzen oder Eltern stören können.

3. Setz dich im Schneidersitz an deinen Feenort. Die Hände legst du auf die Knie. Nun schließt du die Augen und atmest tief ein und aus, bis du ganz entspannt bist.

4. Öffne jetzt die Augen und schau ganz starr geradeaus. Dann wackelst du mit den Fingern. Konzentrier dich ganz fest auf deine Fingerspitzen. Um eine Fee zu sehen, musst du lernen, vor allem die Dinge ganz außen in deinem Sichtfeld, aus dem Augenwinkel wahrzunehmen.

5. Vergiss nicht, dass du vielleicht keine glitzernde Fee mit Flügeln und Zauberstab sehen wirst. Feen sind sehr scheu – und sehr flink. Vielleicht siehst du es nur kurz funkeln, oder du hörst Papier rascheln. Aber das reicht schon, um zu wissen, dass du Besuch von einer Fee hattest.

Feenzeit

Wenn du diese Technik an deinem ganz speziellen Feenort genug geübt hast, gibt es noch weitere Möglichkeiten, einen Blick auf eine Fee zu erhaschen. Obwohl Feen rund um die Uhr zu Besuch kommen können, gibt es eine ganz besondere Tageszeit, zu der sie sehr aktiv sind: die Feenzeit.

Feenzeit ist morgens bei Sonnenaufgang, wenn die Sonne noch ganz tief am Himmel steht. Die Vögel fangen dann gerade erst zu singen an. Wenn du zufällig mal zur Feenzeit aufwachst, schau dich vorsichtig in deinem Zimmer um, oder wirf einen Blick aus dem Fenster. Wer weiß, was du da entdecken kannst …

Magische Feengeheimnisse

🌸 Löwenzahn ist eine besonders magische Pflanze. Warte, bis die gelben Blüten abgefallen sind, und puste dann die Federsamen mit einem kräftigen Luftstoß vom Stängel. Und vergiss nicht, dir dabei etwas zu wünschen!

🌸 Wer eine Fee sehen will, der liest am besten vorher Märchen. Die helfen nämlich dabei, sich richtig gut zu konzentrieren.

🌸 Feen ist die Umwelt sehr wichtig, und sie sind ganz besonders gut im Wiederverwerten von Dingen. Ihre Kleider bestehen oft aus Blüten und Blättern. Als Tassen verwenden sie die Kelche von Butterblumen oder Glockenblumen. Sie werden

ganz schön sauer, wenn jemand Müll in ihren Wald oder ihre Blumenbeete wirft.

Kapitel 10
Eine magische Feenwelt

Du hast Feen sehr gern? Dann bastel dir doch einfach dein eigenes Feenzubehör. So kannst du dich jederzeit und überall – mit einem Wink deines Zauberstabs und ein bisschen Feenstaub – in Magie hüllen …

Ein magischer Zauberstab

Wenn du Feenzauber ausprobieren willst, brauchst du natürlich erst mal einen Zauberstab, er ist das Grundwerkzeug zum Zaubern. Diese Dinge benötigst du, um dir einen eigenen Zauberstab zu basteln:

☆ eine alte Zeitung
☆ zwei Blätter DIN-A4-Papier
☆ einen Pinsel
☆ rosa und silberne Farbe
☆ Klebestreifen
☆ Glitzerstaub
☆ Klebstoff
☆ ein paar Lametta-Fäden oder etwas Glitzerband
☆ eine Prise Magie

1. Zuerst deckst du den Küchentisch mit Zeitungspapier ab. (Das ist sehr wichtig. Man braucht nämlich einen schrecklich starken Zauber, um Papa oder Mama von einem rosa angemalten Tisch abzulenken.)

2. Male das eine DIN-A4-Blatt rosa an. Anschließend malst du das zweite ganz mit der silbernen Farbe an.

3. Warte, bis die Farbe getrocknet ist. (Du kannst dir ja so lange einen Zauberspruch ausdenken.)
4. Jetzt legst du die beiden bemalten Blätter übereinander, aber so, dass von beiden die weiße Seite nach oben schaut. Die Kanten sollen nicht genau aufeinanderliegen, sondern das untere Blatt etwa 5 cm herausschauen.
5. Jetzt rollst du die beiden Blätter von einer Ecke aus zusammen, bis du die andere Ecke erreichst. Mit einem Stück Tesafilm um die Mitte hinderst du das Papier daran, sich wieder auseinanderzurollen.

6. Jetzt hast du einen wunderschönen rosa-silbernen Zauberstab. Probier ihn am besten gleich mal aus. Spürst du schon die Magie in deinen Fingerspitzen kitzeln?

7. Nun tropfst du an verschiedenen Stellen ein bisschen Klebstoff auf deinen Zauberstab (wo genau, musst du selbst entscheiden – das gehört alles zur Magie). Dann streust du den Glitzerstaub auf den noch flüssigen Klebstoff.

8. Zum Schluss bindest du das Lametta oder die Glitzergirlande an das Ende deines Zauberstabs. Damit es nicht verrutscht, klebst du es am besten mit Klebestreifen fest.

Fertig! Du bist nun stolze Besitzerin eines magischen Feenzauberstabs. Vergiss nicht, deinen Zauberstab zu aktivieren, bevor du ihn verwendest.

Dazu musst du flüsternd die folgenden Worte drei Mal wiederholen:
*Ein Stab voll Glitzer und Feenglanz
bindet magische Kräfte zum Zaubertanz!*

 Eine magische Tüte Feenstaub

Manchmal braucht man nichts weiter als eine magische Tüte Feenstaub, um jemanden zum Lächeln zu bringen. Das kann eine Freundin sein – oder vielleicht auch nur du selbst. Diese Dinge brauchst du dazu:

☆ ein rundes Stück Stoff mit etwa 20 cm Durchmesser
☆ einen Bleistift
☆ ein langes Band
☆ eine Schere
☆ Glitzerstaub

☆ Lametta oder glitzernde Girlanden
☆ Silberfolie

1. Als Erstes bastelst du die Feentasche, in die du nachher deinen Feenstaub füllst. Dazu legst du das Stoffstück auf eine flache Unterlage. (Es ist egal, was für Stoff du nimmst, solchen der glitzert oder nur ein altes Staubtuch.) Wenn der Stoff auf einer Seite ein Muster hat, dann leg ihn mit dem Muster nach unten hin.

2. Mache eine gerade Anzahl an Bleistiftmarkierungen rings um den Kreis. Diese sollten etwa 3 cm vom Rand entfernt sein.

3. Dann bittest du einen Erwachsenen, an die Stelle der Markierungen mit der Schere je einen 1 cm großen Schnitt zu machen.

4. Dreh den Kreis um, so dass das Muster (wenn es eines gibt) nach oben schaut.
5. Dann fädelst du vorsichtig das Band durch die Löcher. In ein Loch rein, durchs nächste wieder raus, bis du um den Kreis herum bist.
6. Dreh den Stoff wieder um. Das Muster zeigt jetzt wieder nach unten. In die Mitte des Stoffkreises füllst du nun deinen Feenstaub.
7. Feenstaub zu machen, ist ein Riesenspaß! Du musst dazu nur Glitzerzeug in die Mitte deines Stoffkreises streuen.

Fertiger Glitter ist natürlich ideal. Du kannst aber auch einen Erwachsenen bitten, dir ein paar Lamettafäden in winzige Stückchen zu schneiden. Oder du könntest Alufolie zu ganz kleinen Kugeln rollen – die eignen sich auch prima.

8. Zum Schluss ziehst du an den beiden Enden vom Band, bis sich der Stoffkreis in eine magische Feentasche verwandelt. Dann knotest du die Tasche zu, damit dein Feenstaub schön sicher darin aufbewahrt ist.

Wann immer du dir etwas wünschst, musst du die Augen schließen und deine Feenstaubtasche schütteln. Wenn du es dir fest genug wünschst, sollten selbst ein paar

winzige, glitzernde Feenstaubkörnchen ausreichen, um deinen Wunsch in Erfüllung gehen zu lassen.

Ein fantastisches Feenlesezeichen

Dieses Feenlesezeichen eignet sich besonders gut, um eine Stelle in diesem Buch zu markieren – oder zum Beispiel deine Lieblingsgeschichte in der Märchensammlung.

Du brauchst dazu:
- ☆ silberne Folie (Alufolie)
- ☆ ein Stück Karton, 4 cm x 22 cm groß
- ☆ Klebstoff
- ☆ Pauspapier
- ☆ Filzstifte

1. Knülle die Alufolie vorsichtig zusammen. (Das Stück sollte groß genug sein, damit du es nachher um den Kartonstreifen wickeln kannst.)
2. Dann streichst du die Folie wieder glatt. Die ist jetzt ziemlich verknittert, aber genau so soll es sein.
3. Streiche Klebstoff auf beide Seiten des Kartonstreifens.
4. Lege nun den klebrigen Karton auf die matte Seite der Folie. Die wickelst du dann rundherum. Achte darauf, dass die Folie überall gut festklebt.

5. Jetzt paust du die wunderschönen Feen von der Vorlage hier im Buch mit einem Bleistift ab. Oder, falls du magische Finger hast, kannst du sie auch direkt auf ein Blatt Papier abmalen.

6. Male die Feen bunt mit Filzstift an, und klebe sie auf dein silbernes Lesezeichen. Nun kannst du immer genau die Stelle markieren, an der du gerade gelesen hast!